LE MONDE SELON *Karl*

LE MONDE SELON Karl

Jean-Christophe Napias et
Sandrine Gulbenkian

avec la complicité de
Patrick Mauriès

Illustrations
Charles Ameline

Flammarion

L'IRRÉGULIER

Quiconque aura tant soit peu côtoyé Karl Lagerfeld – j'allais dire « le vrai », celui que cachent depuis si longtemps les lunettes noires de la marionnette derrière lesquelles il adore voir sans être vu –, quiconque connaît donc l'autre, ou l'un des autres KL sait combien ce forcené du présent aura été marqué par la longue fréquentation des lettres de La Palatine, de Madame du Deffand ou de Julie de Lespinasse, et par ce qui s'y réfractait d'un art de vivre et d'une rare sophistication intellectuelle. Quiconque l'aura croisé, ou simplement vu à l'écran, sait aussi son incroyable présence d'esprit, ce sens de la pique et de la pointe qui fut l'une des raisons d'être des salons, dont il semble avoir naturellement hérité, précédé en cela par une mère qu'il évoque souvent, comme on le verra, et qui n'aura rien eu à lui envier en termes de repartie. L'esprit de l'escalier n'est pas son fort, fût-ce au prix d'un débit parfois étonnant, et l'on a tôt fait d'être réduit face à lui au rôle de paysan du Danube.

Il y a longtemps que les portes des salons se sont refermées. Il n'est pas interdit de penser que les derniers feux d'une tradition séculaire se seront éteints vers la fin des années soixante, en même temps que disparaissaient, des Noailles aux Vilmorin, les figures d'une mondanité enracinée dans le XIXe siècle. Moment qui vit aussi l'émergence de nouveaux modes de vie, d'une autre forme de socialité, de registres culturels inédits, et incidemment de ce prêt-à-porter que KL allait accompagner dès ses débuts et si bien mettre à profit ensuite.

Nous voici donc à l'ère du « salon global » où l'échange, plutôt que la conversation, sature l'éther des médias, où une nouveauté chasse instantanément l'autre et où il est essentiel de se tenir toujours *sur le fil* de l'événement. Et nul ne s'y entend mieux que notre lecteur de Mademoiselle Aïssé, plus par jeu, suppose-t-on, qu'autre chose, lui qui répond libéralement, en polyglotte, aux demandes quotidiennes de la presse écrite comme de ces ondes dont nous sommes maintenant les jouets. Paroles lancées au tout venant, inlassablement reprises et polies, amplifiées, pour finir, planétairement, au point de faire trembler telle frange de cheveux présidentielle outre-Atlantique, mais dont le destin est aussi de se perdre dans le poudroiement du présent. Ce qui n'est sans doute pas pour déplaire à notre héros, insoucieux de la moindre postérité et qui n'aspire, à l'en croire, qu'à se disperser.

Moins prodigues, et pour parer à une telle éventualité, les éditeurs de ce volume se sont donné pour tâche de recueillir ce qui aurait pu disparaître sans laisser de trace autre que le sourire d'un moment. Il en résulte, par facettes (ou chapitres), une sorte d'(auto-) portrait chinois, l'affirmation d'une certaine vision de la vie qui, pour être lacunaire, ne nous semble pas moins donner une image précise et captivante d'un Irrégulier. Il reviendra au lecteur de juger de la vérité du portrait, et de prendre la mesure de l'intelligence et de la complexité d'un personnage qui cherche moins à défier les conventions qu'à affirmer souverainement ses valeurs propres et une forme de justesse. Seul un virtuose du masque et de l'esquive, comme l'est Karl Lagerfeld, peut se donner comme valeur cardinale la lucidité et, dans la mesure de possible, l'absence d'illusion sur soi-même.

Les différents acteurs de ce livre ont au moins un point en commun : la passion, invincible et déraisonnable, de l'imprimé. Moderne, ultramoderne, KL n'en persiste pas moins, dit-on, à acheter ses livres par trois exemplaires, pour en lire un, découper l'autre et envoyer le troisième dans l'une de ses bibliothèques ; moins libéraux, les éditeurs sont, pour les uns, liés au commerce du livre, à tous les sens de l'expression, tandis que l'autre en a fait sa raison d'être, ou de subsister, et il ne se passe guère de jour sans qu'ils n'en ajoutent à leur butin. Il leur aura donc semblé inévitable, lorsque s'imposa l'idée de rendre hommage à la singularité d'un esprit libre, expert en « *strong opinions* », de lui donner la forme d'un livre, un livre de plus, qu'il pourra ainsi poser au sommet d'une des piles qui l'entourent.

P. M.

SOMMAIRE

LA VIE *SELON KARL*

Je suis un témoin. Un spectateur égoïste qui ne se lasse pas de regarder le monde depuis sa loge. Tant mieux si cette loge est gentiment arrangée. Je m'y trouve mieux que sur scène. Car aujourd'hui, le spectacle est dans la salle. Il est parfois horrible, mais jamais indifférent. J'aimerais vivre encore cent vingt ans pour voir le monde évoluer.

J'aime être avec le monde comme Jean Rostand avec les insectes : les observer. Je n'aime pas du tout que l'on m'observe. Et si on le fait, je m'en fiche, car je joue un rôle 24 heures sur 24. Même avec moi-même.

Je me bâtis ma réalité à moi. Je me suis fabriqué un système qui me permet de me débrouiller dans la vie. Je savoure le luxe d'être au centre de cet univers intact qui est le mien.

Mon
autobiographie ?
Je n'ai pas besoin de l'écrire :

je suis
en train
de la vivre.

Chez moi, le travail est

TRANQUILLE,
FROID,
ORGANISÉ.

Je déteste l'hystérie.

Je déteste les vacances ! Ça, c'est pour les gens qui font toujours la même chose au même endroit. Moi, je passe ma vie à courir de Milan à Paris, à New York, je travaille vingt heures par jour, de mon propre chef. Je suis la définition même de la profession libérale.

Moi, je milite pour la journée de 48 heures. Je n'y arrive pas en 24 heures.

Mon fonds de commerce, ça a toujours été de travailler plus que les autres pour leur montrer leur inutilité.

Je ne suis pas une personne sérieuse, les choses me viennent comme ça. Je travaille à l'instinct, sans me poser une montagne de questions.

Je sais que la vengeance
est une chose méprisable et horrible,
mais je ne vois pas pourquoi
je ne devrais pas rendre aux gens
la monnaie de leur pièce
s'ils m'ont fait quelque chose.

**C'est quand ils ont tout oublié
que je retire la chaise,
parfois dix ans après.**

Je n'ai jamais fumé, jamais bu, jamais pris de drogue, mais je ne supporte pas les pisse-vinaigre puritains et calvinistes comme moi. Au contraire, je n'aime que les gens qui se défoncent, qui boivent, qui fument, qui font tout ce que je ne fais pas. Il y en a qui sont faits pour se perdre, ce que j'admire, moi je suis fait pour survivre. L'instinct de préservation est mon instinct le plus développé. Et ça m'a servi. Je ne fais du trapèze qu'avec un filet.

D'où je tiens mon énergie ? EDF (Envie, Désir et Force).

La psychanalyse ? D'abord, ça tue la créativité. Ensuite, si on est honnête avec soi-même, on connaît les questions et les réponses. Je n'ai pas besoin d'un psychanalyste parce que je connais les réponses.

Je ne bois jamais de boissons chaudes. Je n'aime pas, je trouve ça étrange. Je bois du Coca Light de la minute où je me lève à la minute où je me couche.

Je n'ai jamais voulu avoir d'enfant. Parce que s'il avait fait moins bien que moi, je n'aurais pas aimé, et mieux que moi, je n'aurais pas aimé non plus.

Moi, si j'étais une femme, j'aurais des enfants ; mais je ne suis pas une femme, donc c'est raté.

Mon désir, enfant, c'était de ne pas être un enfant. Je trouvais ça humiliant d'être un enfant. Humain de seconde catégorie.

J'ai toujours les meubles de ma chambre d'enfant. C'est la seule chose que j'ai emportée à la mort de mes parents. Un jour, quand je serai un petit vieux, j'aurai donc rétréci, je vivrai avec le canapé, la commode, les bergères, la table sur laquelle j'écrivais et dessinais... Et je dormirai dans mon lit d'enfant.

J'ai autour de moi des gens jeunes et beaux. J'ai horreur de regarder la laideur.

J'aime m'entourer de musique, de livres et de papier, réaliser mes esquisses et penser à tout en profondeur. Me faire un lavage de cerveau et écrire des lettres. Je ne me sens jamais seul. Pour moi, la solitude, c'est quand vous êtes vieux, malade, pauvre, avec personne autour. Mais si vous êtes un peu connu et que vous avez de l'argent, là c'est le summum du luxe.

Je n'aime pas faire l'acteur parce que de toute façon ma vie est déjà une pantomime.

Plus jeune, je voulais devenir caricaturiste. Finalement, je suis devenu une caricature.

Tous les matins, j'ai mon petit quart d'heure de stylisme : je mets en scène la marionnette. C'est une déformation professionnelle profonde.

Je vis très bien avec moi-même, et ça c'est le comble du luxe.

Cela me plaît que les gens qui me suivent dans la rue et veulent se faire photographier avec moi soient très, très jeunes. C'est mon plus gros succès dans la vie.

**Le personnage
que j'envoie
dans les médias
est une marionnette.
C'EST MOI
QUI TIRE
LES FICELLES.
L'essentiel,
c'est que ce soit
bien ficelé.**

On peut dire et écrire
ce qu'on veut sur moi,
ou presque,
parce que je pars
du principe suivant :

***"DITES
CE
QUE
VOUS
VOULEZ,
POURVU
QUE
ÇA
NE
SOIT
PAS
VRAI."***

Je préfère voir et interpréter le monde depuis ma fenêtre. Je voyage ensuite pour vérifier que c'est aussi intéressant que ce que j'avais imaginé.

Je n'ai aucun problème. C'est le miracle de ma vie. Il n'y a pas de problèmes, juste des solutions – bonnes ou mauvaises.

Aujourd'hui, je vis avec moi-même. Je me vois toujours à côté de moi, donc je suis toujours à deux, avec l'un qui se moque de l'autre. Qui est lucide.

Ma vie, c'est de la science-fiction. En tout cas, le décalage entre ce que les gens croient savoir de mon existence et la réalité relève de la science fiction. La réalité est autre… et elle est beaucoup moins drôle.

Le dîner en ville, ce n'est pas mon truc. De toute façon, les gens ne m'invitent pas, de peur que je les juge, eux ou leurs intérieurs.

Je ne veux pas d'amis pour les mauvais jours. Je trouve ça dégoûtant. Je veux des amis pour les bons jours. Le reste, je m'en occupe moi-même.

Chez moi, il y a un instinct plus fort que tout le reste : l'instinct de survie.

De toute façon, je n'ai pas besoin de faire de courses puisque je ne mange jamais !

À part dessiner, parler et lire, je ne sais pas faire grand-chose. Je suis capable d'ouvrir un réfrigérateur, mais certainement pas de cuisiner.

LES GENS QUI DISENT TOUT M'HORRIFIENT

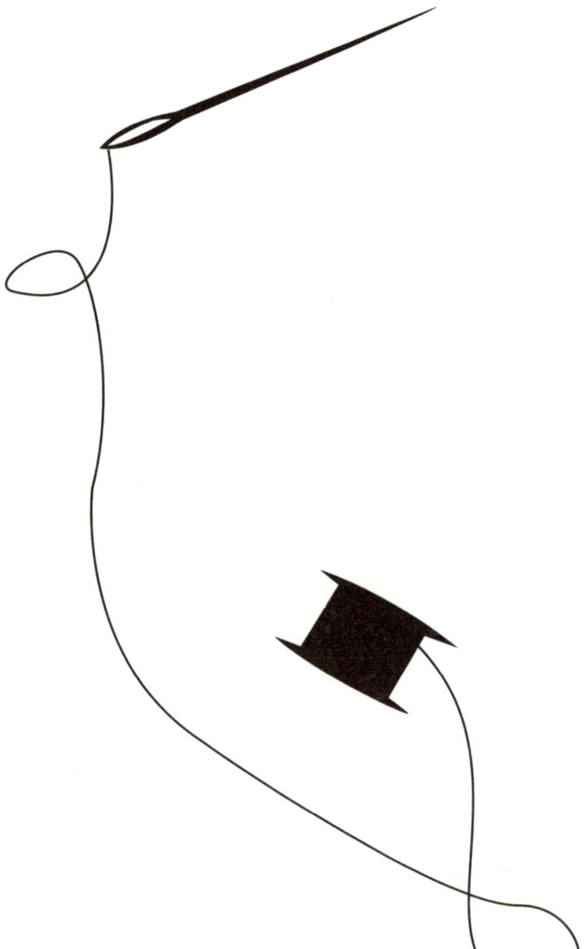

LA MODE *SELON KARL*

J'aime
L'ÉPHÉMÈRE :
la mode
EST
MON MÉTIER.

Je déteste, dans ce métier, les gens qui sont restés bloqués à une certaine époque et qui trouvent que le monde devient fou. Le monde ne se trompe pas, il change.

La mode est une chose du moment. La meilleure chose qui puisse arriver à une robe, c'est d'être portée. La mode n'est pas un truc "muséable".

Quand personne ne porte, c'est avant-garde. Mais pour moi, avant-garde rime avec ringard.

J'aime dépenser beaucoup d'argent en vêtements, parce que je fais des vêtements et que je gagne beaucoup d'argent grâce aux vêtements.

Quand on entend
les créateurs gémir
sur l'enjeu de leur
métier, quand même,
CE
NE
SONT
QUE
DES
ROBES,
faut pas exagérer !

La tendance, c'est le dernier stade avant le ringard.

Dans la mode, il faut toujours casser pour reconstruire, aimer ce que l'on a détesté et détester ce que l'on a aimé.

La mode est superficielle. Il faut accepter cet état de fait si l'on décide de choisir ce métier.

Je me souviens d'une créatrice qui disait que ses robes n'étaient portées que par des femmes intelligentes. Évidemment, elle a fait faillite.

Ce que la mode seule exprime ne dure pas. C'est le style qui dure, mais il doit suivre la mode en lui survivant.

Disons que si la mode crée des tendances, l'élégance suit les modes.

Les temps ont changé, les critères changent : il n'y a plus d'aristocratie de la mode.

La mode, c'est l'esprit qu'on doit donner aux choses en le faisant évoluer.

Toutes les époques ont les modes qu'elles méritent.

Si vous me demandiez ce que j'aurais préféré inventer dans la mode, je vous répondrais **la chemise blanche.** *Pour moi, une chemise, c'est la base de tout. Tout le reste passe après.*

Aimer la mode, c'est aussi la porter.

La mode est une attitude plus qu'un détail du vêtement.

La mode, c'est comme l'océan ou l'amour. Elle va et vient comme une vague.

Les jeunes sont bien gentils, mais, souvent, ils n'ont pas de savoir technique. Valentino ou moi, on en a bavé pendant des années, lui chez Dessès, moi chez Balmain. On savait qu'on n'était pas là pour jouer les critiques d'art, mais pour apprendre.

La mode,
c'est comme la musique ;
il y a tant de notes...
Il faut jouer avec.
À chacun de faire
sa petite mélodie.

La mode est un jeu

qui doit être sérieusement fait.

La mode n'est ni morale, ni amorale, mais elle est faite pour remonter le moral.

La mode ? Mais tout est mode !

La mode, c'est fait de deux choses : la continuité et la contradiction. Donc il faut bouger.

La mode est éphémère, dangereuse et injuste.

KA
RL
ISM
ES

KARLISMES
1

Le bonheur, ce n'est pas un dû. Ça se travaille et ça demande quelques efforts.

Dans le temps, les gens savaient être graves et légers, sérieux et amusants à la fois. Les choses ont bien changé.

Les époques ont le mauvais goût qu'elles méritent.

Dans le temps, les gens qui se disaient « du monde » sonnaient leur personnel ; maintenant, c'est eux qu'on sonne sans arrêt et ils se croient obligés de répondre à la seconde si possible, comme s'ils travaillaient au standard d'un grand hôtel, pendant la saison et aux heures de pointe.

La seule chose
qui dure,
c'est l'éphémère.
*LA FRAGILITÉ
DE LA VIE
ET DE LA MODE*,
cela me va
très bien.

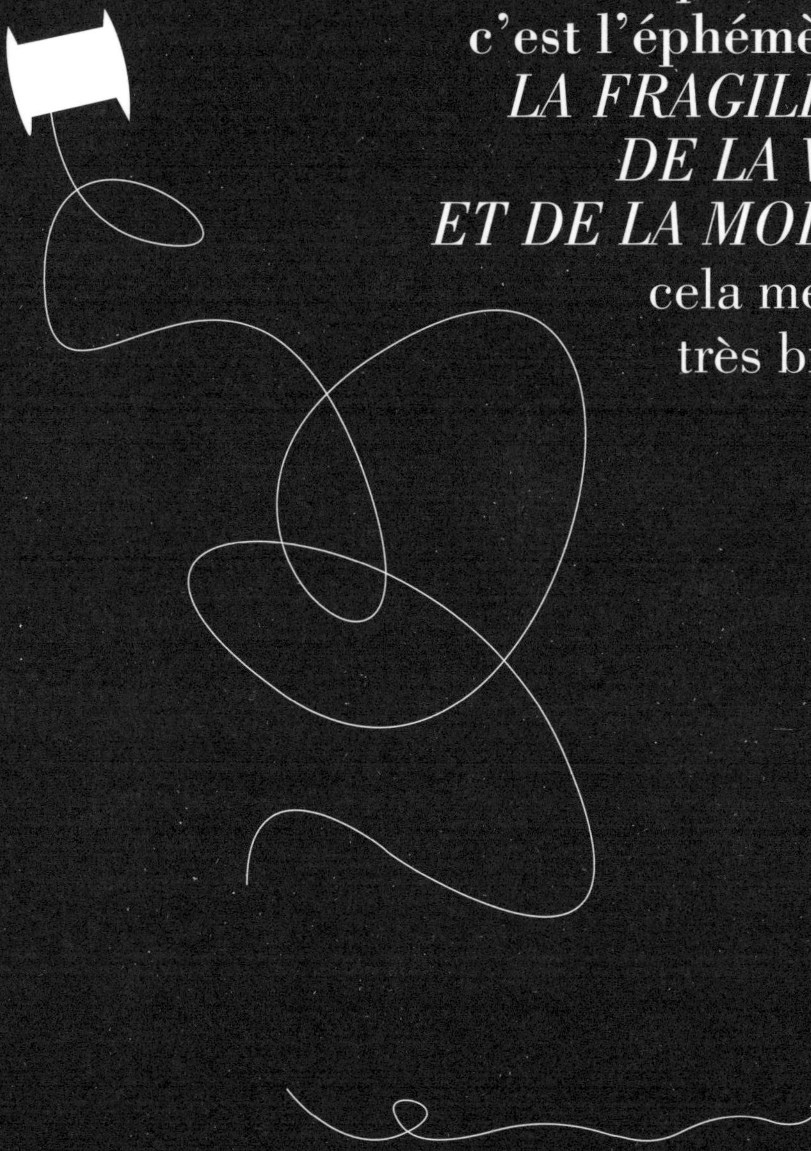

Il faut avoir le courage de ses propres crimes.

L'art est quelque chose qu'on ressent. On n'a pas besoin de le posséder.

Travailler, c'est faire un boulot qu'on n'aime pas. Dès l'instant que vous aimez votre boulot, ce n'est plus du travail.

Les politiques ont un problème. S'ils sont trop bien habillés, ça ne va pas. S'ils ne sont pas assez bien habillés, ça ne va pas non plus. Il leur faut donc trouver le juste milieu, et ça n'est pas évident.

Pour pouvoir s'adapter à toutes les hauteurs, il faut connaître aussi toutes les bassesses.

La laideur a évolué ; la laideur intérieure importe plus que la laideur extérieure.

L'important, ce n'est pas d'être connecté à tous les niveaux, c'est d'être bien connecté.

Il ne faut jamais avoir peur du progrès. Sinon, vous êtes fichu.

Penser que l'apparence ne compte pas aujourd'hui est un mensonge. Elle permet de vivre en harmonie avec soi-même.

La personnalité commence où finit la comparaison.

LE VISON EST UNE BÊTE TRÈS MÉCHANTE QUI DÉTESTE L'HOMME.

La frustration est la mère du crime ; il y aurait beaucoup plus de crimes sans les prostituées et les films porno.

Si vous rangez trop bien, vous ne retombez que sur ce que vous cherchez. Vous n'aurez jamais de surprise, ni ne connaîtrez le délice des retrouvailles fortuites.

L'homosexualité est comme une couleur de cheveux, rien de plus. Et puis, cela évite une belle-fille insupportable, disait ma mère.

La méchanceté est excusable si elle est spirituelle. Si elle est gratuite, elle est impardonnable.

Il n'est jamais trop tard pour une nouvelle vie.

Le changement est la façon la plus saine de survivre.

Il n'y a rien de pire que d'évoquer le « bon vieux » temps. À mes yeux, c'est un constat d'échec sans appel.

Pleurnicher sur son propre passé est le début d'une absence d'avenir.

Dès que vous pensez que c'était mieux avant, votre présent devient un truc d'occasion, et vous, vous devenez vintage – ça va pour les vêtements, mais pour les gens, ça n'est pas terrible.

La vie n'est pas un concours de beauté. L'intelligence dure, la beauté est saisonnière.

Quand on est jeune, on est toujours un peu crétin. Ce qui nous sauve, c'est qu'on s'en aperçoit après.

La jeunesse est en location : ceux qui l'ont vont la perdre demain.

La jeunesse est une invention des gens d'un certain âge pour vieillir les autres.

La jeunesse est un club dont tous les membres seront exclus un jour ou l'autre.

Chaque fois que vous avez un succès, vous le payez la fois d'après. Quoi que vous fassiez, les gens diront : « Oh ! Ça n'était pas aussi bien que la dernière fois. » Vous faites d'autres choses ensuite, et c'est de nouveau bien. Les souvenirs rendent les choses plus belles qu'elles n'étaient. Il faut le savoir.

L'obsession d'aujourd'hui pour les rock stars est démente parce que même les gens qui n'aiment pas les jeans croient qu'en portant des jeans ils auront l'air de rock stars.

Quand les gens veulent être aimés pour ce qu'ils ont fait, ils devraient s'arrêter.

Il faut faire des choses qu'on n'est pas censé faire.

Voyez la vie en rose

MAIS N'EN PORTEZ PAS !

LE STYLE *SELON KARL*

Quand j'entends des vieux cons dire que « l'élégance est morte », je leur réponds : « Non, elle a changé de tête. »

L'essentiel dans la vie, c'est de se réinventer.

Si vous n'avez pas un physique élégant, la robe la plus élégante n'arrangera rien. Une paysanne éthiopienne peut être d'une élégance folle et une personne très riche ressembler à un pot à tabac.

L'élégance n'est ni une question de portemanteau, ni une question de porte-monnaie.

C'EST QUOI UN STYLE ? AU DÉPART, UNE RUPTURE AVEC LES CONVENANCES, UNE FRACTURE DU RÉEL ADMIS.

**Le vêtement
ne doit pas t'aller ;
c'est toi qui dois
aller au vêtement.**

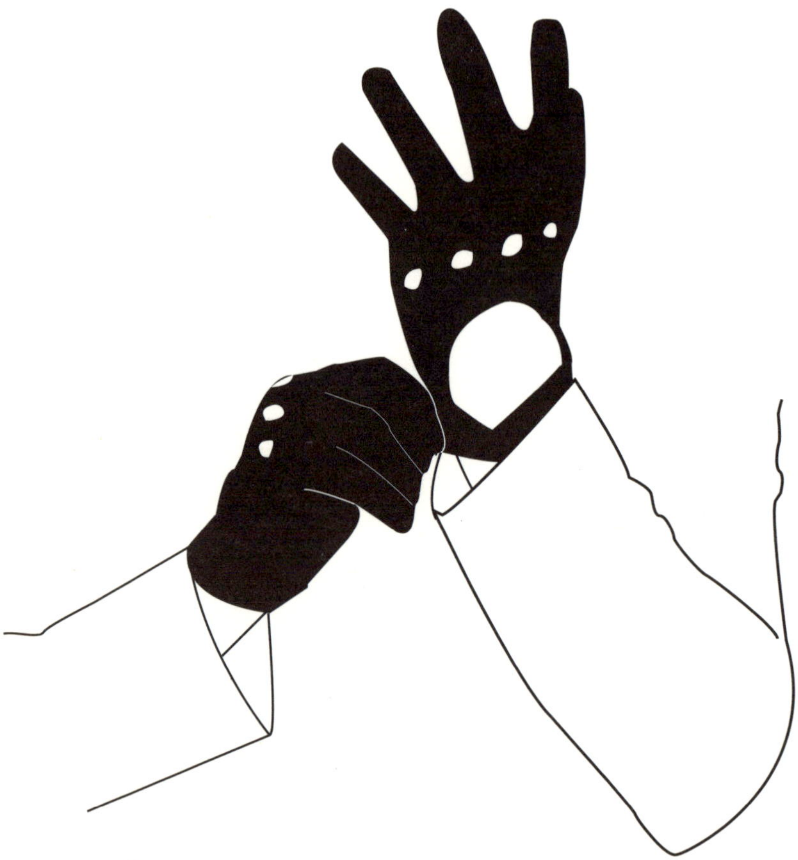

L'élégance est une attitude, une façon de bouger. Pas un brevet déposé : ça change avec les époques, les ambitions, les idées.

Aujourd'hui, l'élégance est pour moi un phénomène moral ou physique, plus qu'un truc de chiffons, de maquillage ou de parfum.

Il y a un moment dans la vie où l'idée de beauté et de jeunesse doit s'effacer devant le style et l'élégance.

« Être distingué », c'est ennuyeux, ce n'est pas moderne comme expression, ça n'existe plus, ça fait sous-préfecture : « La dame est très distinguée. » Je n'ai pas du tout envie d'être distingué, mais je veux bien qu'on me distingue.

Avoir de l'allure, c'est être bien dans la vie qui nous entoure. Parce que ce qui est amusant, quand même, c'est d'être de son temps.

Le côté débraillé, décontracté des tenues estivales m'horripile. J'ai une sainte horreur du « débrayage », si j'ose dire. Passe encore de 25 à 30 ans, mais après, malheureusement, c'est épouvantable. Je déteste les gens dans la rue qui donnent l'impression d'avoir dévalisé le vestiaire de leurs petits-enfants.

Les pantalons de jogging sont un signe de défaite. Vous avez perdu le contrôle de votre vie, donc vous sortez en jogging.

J'aimerais avoir un nez avec une bosse. C'est très chic.

On n'est
jamais
trop habillé,
ni pas assez
habillé
avec une
Petite
Robe
Noire.

KARL

SELON

KARL

1

Je suis un être en noir et blanc.

Je suis un trapéziste avec un filet très épais. La vulnérabilité me touche, mais elle m'est étrangère.

Être heureux ? Non, je ne suis pas si ambitieux.

Je ne suis pas comme Chamfort, qui préparait ses bons mots le matin avant de sortir.

Je suis une espèce de mercenaire : si l'armée est bonne tout va bien, mais si elle ne l'est pas, je ne peux pas y faire grand-chose.

Je ne sais jouer qu'un seul rôle, le mien.

JE SUIS

une meringue ambulante.

mon propre iPad.

une pièce unique.

un très bon scanner.

là pour faire, pas pour avoir fait.

moins horrible que j'en ai l'air.

à mon entière disposition.

né pour être seul.

JE SUIS UN
DIAMANT NOIR,
SANS FACETTE ENCORE.
UN DIAMANT NOIR,
C'EST RARE,
DUR À TAILLER,
DONC
PAS COMMERCIAL.

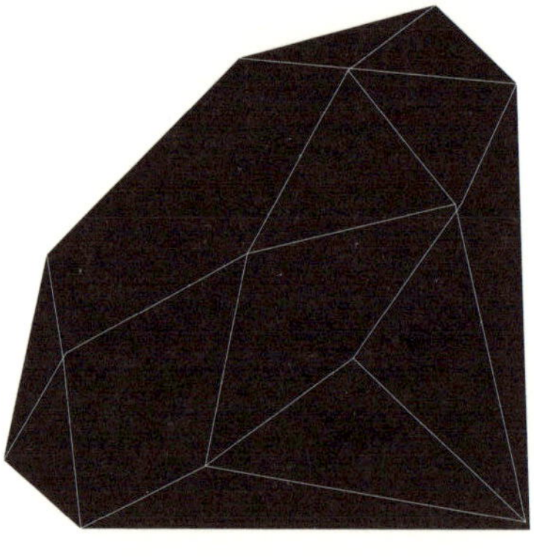

Ce n'est pas que je me trouve bon, mais ça pourrait être pire.

Mon personnage, je ne l'ai pas conçu. C'est une succession d'évolutions et de hasards qui ont donné ça. Ça n'est pas pensé.

J'aime l'idée que les gens pensent que je suis méchant. Moi, je me trouve une brave patate.

Je ne suis jamais content. Je suis dans un état d'insatisfaction permanente.

Moi, avec un jeu de mots, vous m'avez. Je suis très bon client pour cela.

Je n'ai ni remords ni regrets. Je suis amnésique du passé.

En fait, je suis un vieux prof de lettres. Sauf que je ne donne pas de leçons. C'est ça, je suis mon propre prof et ma curiosité s'accroît avec l'âge.

Mes contrats sont à vie. Je suis condamné à mort, condamné à vie.

Je n'ai rien à transmettre, je suis entièrement bidon.

Les gens normaux pensent que je suis cinglé.

Je suis
un label vivant.
Mon nom est

LABELFELD

et pas Lagerfeld.

Je suis comme
une caricature
de moi-même.
C'est comme
UN MASQUE.
Pour moi,
le carnaval
de Venise,
c'est toute
l'année.

Je suis sans arrêt de mauvaise humeur contre moi-même.

Je suis le roi des iPod !

Je suis là depuis si longtemps que les gens de la Préhistoire ne peuvent pas rivaliser.

Je suis présent et en même temps absent.

Je suis puritain... mais ça ne se voit pas trop.

Je suis puritain à mort : je n'aime pas l'alcool, je n'aime pas la drogue, je n'ai jamais été un obsédé sexuel. Je suis un prix de vertu. Un prix de vertu sans mérite.

Je suis pour l'avis général d'une seule personne.

Je suis superficiel, avec une grande superficie.

Je suis un habitant de nulle part. Je suis un Européen libre.

Je suis trois. Quand je parle anglais je suis une personne ; quand je parle allemand j'en suis une autre ; et quand je parle français je suis encore quelqu'un de différent.

Je suis une improvisation totale.

Je n'ai aucune envie de normalité.

JE SUIS

la modestie même.

CHANEL
SELON
KARL

Le succès de Chanel, c'est d'avoir su imposer ses éléments d'identification. Cinq notes d'une petite musique intemporelle qui permettent aux femmes de reconnaître instantanément la quintessence de Chanel : le luxe et le raffinement.

J'essaie de faire évoluer le style de Chanel en pensant à la phrase de Goethe : faire un meilleur avenir avec les éléments du passé.

Au final, je ne suis qu'un mercenaire commandité pour perpétuer la griffe. Avec elle, on ne peut pas se tromper.

Chanel nous a légué bien mieux qu'une mode, un style. Et le style comme elle le prônait, ça ne vieillit pas.

Je jongle

avec ce que je sais et ce que j'ignore d'elle.

Elle a inventé quelque chose :
elle a inventé le “total look”.
Elle fut la première à vouloir
un “parfum de femme
avec une odeur de femme”,
pour elle seule.
Des bijoux pour sa collection.
Du chapeau à la chaussure,
de la ceinture-chaîne au camélia,
des nœuds-cravates aux sacs,
elle a sublimé l’accessoire,
fait du futile
l’indispensable.

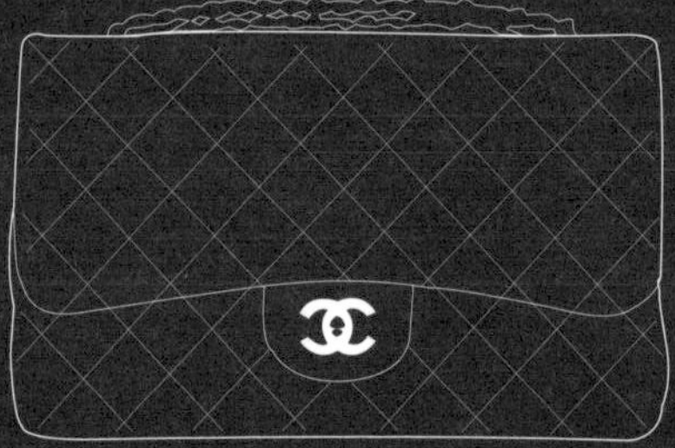

Dans les années 1930, elle était beaucoup plus connue pour ses dentelles que pour ses tailleurs. Si on me dit dentelle, je pense Chanel. Dentelle et Chanel, ça rime…

Ma Coco Chanel préférée, c'est celle des débuts. La révoltée, la fantasque, celle qui coupa ses cheveux un soir, avant une première à l'Opéra, parce que l'explosion d'un chauffe-eau avait brûlé sa superbe chevelure. J'aime sa méchanceté quand elle était drôle, son intelligence. C'est à elle que je pense quand je crée mes collections.

Ce que j'ai fait, Coco Chanel ne l'aurait jamais fait. Elle l'aurait détesté.

J'adore Chanel

mais ce n'est pas moi.

Chanel était une femme de son temps. Ce n'était pas une ringarde qui regardait en arrière. Au contraire, elle détestait le passé, y compris son propre passé, et tout son truc vient de là. C'est pour cela que la marque Chanel doit être l'image du moment.

Je connais à fond l'ADN de Chanel, et il est suffisamment fort pour qu'on n'ait pas besoin d'en parler.

L'idée de Chanel était de devenir une femme comme il faut. Mais il y a un moment où le "comme il faut" devient synonyme d'ennui – et je dois me battre contre l'ennui. Je dois lui opposer une image de Chanel qui soit "fun", qui soit d'aujourd'hui, sans lien avec le passé, parce que le passé n'est qu'une idée. Le passé comme réalité à respecter, c'est quelque chose qui vous tue.

Les gens ont tendance à oublier que, fut un temps, Chanel, c'était cuit. Il n'y avait plus que les femmes de médecins du XVIe *qui en portaient. Personne ne voulait y toucher : c'était sans espoir.*

Chanel elle-même avait du chic, mais elle n'était pas vraiment élégante – c'était son drame.

Si Coco Chanel était méchante ? Pas avec les hommes en tout cas ! C'était une embobineuse, une charmeuse hors pair ! Par contre, Chanel détestait les femmes, elle disait qu'elles étaient sales et pas soignées…

Je suis un drôle de coco.

Une pointe d'humour
et un peu d'irrespect,
voilà ce qu'il faut
pour faire survivre
une légende.

Chanel représente un look qui s'adapte à toutes les époques, à tous les âges. Ce sont des éléments d'un vestiaire, comme le jean, le T-shirt, la chemise blanche. La veste Chanel, c'est comme le costume deux boutons pour les hommes.

Le génie de Mademoiselle est d'avoir imposé le tailleur, le camélia ou la chaîne en or comme si elle les avait inventés. C'est un peu Charlot avec sa canne, sa moustache et son chapeau.

Le style Chanel, c'est un ego-trip. Elle a tout fait pour elle. Pour s'imposer.

Choupette, ce n'est pas vraiment la femme Chanel. Elle serait plutôt du genre Jean Harlow.

Mon travail,
ce n'est pas
de faire
survivre
le tailleur
Chanel,
mais de
le garder
vivant.

LE LUXE *SELON KARL*

Vous devez mettre votre vie en adéquation avec vos idées. Donnez tout votre argent et vivez la vie pour laquelle vous vous battez. C'est comme ça que les choses doivent être. Je déteste ça, quand les riches essayent d'être communistes. Je pense que c'est obscène.

Si vous jetez l'argent par les fenêtres, faites-le avec allégresse. Ne dites pas « on ne devrait pas », ça fait bourgeois.

LE LUXE,
C'EST UNE DISCIPLINE.

Souvent aujourd'hui, le luxe, ce sont
DES CHOSES CHÈRES ACHETÉES PAR DES GENS QUELCONQUES
qui ne mènent pas une vie de luxe.

Le luxe, c'est la liberté d'esprit, l'indépendance, bref, le politiquement incorrect.

L'essentiel, ce n'est pas que les gens restent assis sur leurs sous. Il faut que ça sorte de leurs poches.

Qu'est-ce que c'est que cette façon obsessionnelle de vouloir toujours être collé à des gens ? La solitude, c'est le plus grand luxe.

Ce qui est amusant, c'est de collectionner, pas de posséder. Mais pour se dépouiller, il faut avoir possédé. Les gens qui n'ont jamais eu d'argent et disent ne pas l'aimer ne savent pas ce que c'est. Quant à ceux qui en ont et ne l'aiment pas, qu'ils le rendent ! L'argent est fait pour circuler, pas pour rapporter. J'aime les gens qui vivent au-dessus de leurs moyens, qui jettent l'argent par les fenêtres, les aventuriers. Le danger, ce sont les gens riches qui ont peur et qui ne dépensent pas.

Je déteste les riches qui vivent au-dessous de leurs moyens.

MON PLUS GRAND LUXE EST DE N'AVOIR À ME JUSTIFIER AUPRÈS DE PERSONNE.

LA LIGNE *SELON KARL*

J'ai fait beaucoup
de gymnastique avant vingt ans.
J'étais dur en dessous.
J'étais juste un peu capitonné.
J'étais matelassé.
Toujours Chanel…

Pour moi, le comble du luxe, c'est de prendre une tranche de pain grillé supplémentaire. C'est la chose la plus délicieuse au monde.

À mon âge, je n'ai plus besoin d'être un paquet de muscles sexy, merci bien. C'est le moment où il vaut mieux se demander à quoi on ressemble habillé plutôt que déshabillé.

J'ai retrouvé tous mes muscles et je pourrais me faire un corps de plagiste, mais ce n'est plus mon rôle.

Je n'ai pas fait ce régime pour qu'on me tripote ni pour être sexy. Je voulais être un bon cintre.

Je voulais être un cintre parfait pour une mode près du corps.

Je pense que, pour les femmes comme pour les hommes, la mode est la motivation la plus saine pour perdre du poids.

JE
VEUX
ÊTRE
UN
CINTRE
CHIC.

MON UNIQUE AMBITION DANS LA VIE, C'EST DE PORTER DES JEANS TAILLE

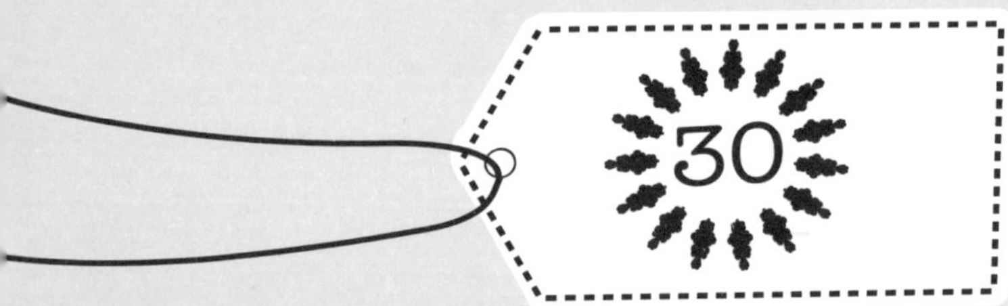

Chez Dior, ou même dans d'autres maisons, ils n'ont jamais changé ne serait-ce qu'un bouton pour moi.

Achetez des vêtements de la taille que vous avez envie de porter. Débarrassez-vous de tout le reste, donnez-le, et quand il n'y aura plus d'autres vêtements chez vous, je peux vous assurer que si vous avez un kilo de trop, vous ferez un effort. Parce qu'il n'y a rien de plus déplaisant qu'un pantalon un peu serré au niveau de la taille.

Je suis comme les bidets et les lavabos : Ideal Standard.

En France, on parle d'Ancien Régime. Le mien n'est pas ancien, mais toujours d'actualité.

Personne n'a envie de voir des femmes rondes sur les podiums. Ce sont les grosses bonnes femmes assises avec leur paquet de chips devant la télévision qui disent que les mannequins minces sont hideux. La mode, c'est le rêve et l'illusion.

Les mannequins sont maigres oui, mais ils ne sont pas « si » maigres.

C'est vrai, certains trouvent que je suis trop mince. Mais ce n'est jamais ceux qui sont minces qui me le font remarquer, plutôt ceux qui auraient quelques kilos à perdre…

Un régime est le seul jeu où vous gagnez en perdant.

LA CRÉATION *SELON KARL*

J'ai tout
dans la tête.

C'est bien mieux,
évidemment,
parce qu'on peut
la transporter
partout.

L'influence est quelque chose dans l'air. Je suis comme une antenne télé.

Tout me nourrit. Je suis une parabole qui capte tout, reçoit tout, digère tout et refait les choses à sa façon.

Je suis mon propre computer, et je stocke en mémoire tout ce que je vois. J'ai des références par milliers.

L'air du temps, c'est une chose, mais il y a beaucoup de courants d'air. Mon rôle est de proposer, pas d'imposer ; ce que les femmes en font après, c'est leur affaire.

J'aime défaire pour refaire. C'est mon moteur.

Je n'ai jamais
appris à dessiner,
c'est venu tout seul.
Je ne comprends pas
que l'on ne sache pas
dessiner.
Tout le monde
sait écrire.

Tout ce que j'ai fait de bien dans ma vie, je l'ai vu en dormant. C'est pour cette raison que j'ai toujours un bloc à dessin à côté de mon lit.

Mes meilleures idées me viennent en dormant, c'est le drame et le bonheur de ma vie, je ne sais pas d'où elles sortent. C'est de cela que je vis : de l'inconscient concrétisé.

Je ne fais rien par rapport aux autres. Je ne fais les choses que par rapport à moi-même.

On ne crée qu'en allant contre les idées reçues.

Je ne tombe plus jamais amoureux. Je suis amoureux de mon travail.

Il faut sentir ce que les femmes désirent. C'est comme un jeu, un challenge.

Je ne me souviens de rien. Mon truc, c'est de brûler tout et de recommencer à zéro.

Je jette tout. L'objet le plus important dans une pièce, c'est la poubelle. Je n'ai pas d'archives.

Comme je ne suis jamais content, ce qui est à la fois mon vrai drame et ma félicité, sitôt une collection terminée, je ne pense qu'à créer la prochaine.

Travailler, pour moi, c'est comme respirer. Et si je ne respire pas, ça va mal.

J'aime

Je suis censé **faire** *pas me souvenir.*

pas
me
gargariser
d'avoir

Ma vie
consiste
à oublier
ce que j'ai **fait.**

Je suis ouvert à tout.
Et tout ce qui fait écho au

Zeitgeist

me va.

La mode comme art, c'est n'importe quoi ! Dessiner des vêtements, c'est un travail d'ouvrier : je suis un ouvrier !

Je ne crois pas trop aux conseils. On ne m'en a jamais donnés et je n'en donne jamais.

Je n'analyse pas ce que je fais. Je le fais sans commentaire. Je propose. Ma vie est une vie de propositions.

Le but de la mode, c'est que les gens se sentent bien, pas d'exprimer sa souffrance et le malheur du monde avec du taffetas.

Le mot clé de notre métier, c'est le mot « envie ». Il faut créer l'envie.

Je dessine comme je respire. On ne respire pas sur commande. Ça arrive comme ça, tout simplement.

Les stylistes qui se prennent la tête, je trouve ça assommant, ridicule ; faire des robes, c'est important, mais ce ne sont que des robes. On n'est pas Kierkegaard quand même !

Dans ce métier, on doit la boucler et travailler ! Faire intuitivement. Je ne suis pas une personne de marketing, je suis un type qui dessine ce qu'il voit et qui espère que ça tombera juste. Je déteste le discours pseudo-intellectuel sur la mode. La mode, c'est ce que la rue porte.

Quand je fais un truc,
je le fais à 100 %.
Je suis un tueur
professionnel.

LA PROVOCATION *SELON KARL*

Je suis une sorte de nymphomane de la mode qui n'atteint jamais l'orgasme.

Je n'aime pas avoir des gens chez moi. Ils peuvent venir, mais le soir venu, ils doivent repartir. Je déteste la promiscuité.

Quand les gens m'agacent, je dis n'importe quoi. J'aime être politiquement incorrect, aussi parce que je n'en peux plus du politiquement correct.

Je déteste la langue de bois. Si je dis des choses pas gentilles sur des gens, c'est qu'ils m'ont fait quelque chose, dans un passé plus ou moins lointain, ce qui, à mes yeux, me donne le droit de leur taper dessus pour m'amuser tant que je veux.

LA PROVOCATION SELON KARL

JE DIS TOUJOURS CE QUE JE PENSE, ET MÊME PARFOIS CE QUE JE NE PENSE PAS…

J'ai horreur
des intellectuels
pas très bien habillés.
Regardez les photos
de gens comme
BERGSON
par exemple :
IMPEC' !

Aujourd'hui,
ce sont tous
des souillons.

Je ne suis pas devenu créateur pour brasser de l'air et me masser l'ego en pondant des collections hurluberlues et importables. Il est primordial pour moi que les femmes portent ce que je dessine et qu'elles aient envie de l'acheter.

Si j'étais une femme russe, je serais lesbienne. Les hommes russes ne sont vraiment pas très beaux.

Il y a des femmes qui portent des soutiens-gorge, eh bien, moi, je porte des lunettes noires.

Cela a toujours été mon rêve d'avoir les cheveux blancs. Le shampoing sec, c'est ma cocaïne.

Comment, avec tout ce qu'il y a à voir, à faire, à connaître, à lire, peut-on s'emmerder ? Ça veut dire qu'on est débile.

Martine Aubry a raison : un travail qui ne passionne pas, on ne peut pas le faire plus de 35 heures.

Si je sais combien j'ai sur mon compte bancaire ? Mais c'est une question de pauvre, ça !

Les époques ont le truc qu'elles méritent. Nous, on a le téléphone, qui est la chose la plus mal élevée de la terre. Aujourd'hui, les gens ont trois téléphones devant eux, et ça sonne, on les sonne, comme des bonnes ! Moi y compris.

Je n'ai jamais voté de ma vie. Je ne voterai jamais. Je connais trop le fonctionnement de la politique. La lecture des journaux décourage aussi… Pour voter, il faut croire toutes les promesses qu'ils vous font, alors qu'ils ne les tiendront pas. Mais si on me donne un pin's d'Obama, je veux bien le porter.

Que les gens montrent leur cul ne me gêne pas. Qu'ils exposent leurs sentiments, cela me choque.

Les culs s'usent, l'affection non.

Je dis ce que je pense, car je suis un Européen libre.

Je déteste avoir des conversations intellectuelles,

seule ma propre opinion m'intéresse.

Un assistant mis à part, je ne travaille qu'avec des femmes. Je n'ai toujours eu que des problèmes à travailler avec des hommes, car à un moment donné, ils pensent qu'ils sont mieux que moi. Ils deviennent égocentriques et se disent que si j'y arrive, alors eux aussi peuvent y arriver.

Ceux qui ont travaillé avec moi ont dû être terriblement frustrés… de ne pas être moi. C'est horrible ce que je dis, mais beaucoup ont pensé qu'ils étaient plus doués que moi, et ils ont tous échoué.

Ma mère disait ne jamais avoir été féministe, car elle n'était pas assez laide pour ça.

Mes lunettes de soleil sont ma burqa.

Lorsque j'étais enfant, on m'a envoyé à Kitzbühel avec ma sœur plus âgée, qui s'est fait le mono alors que moi je m'ennuyais à mourir… Depuis ce jour-là, je me suis juré que plus jamais je ne remettrais les pieds aux sports d'hiver.

La haute couture des Américaines, c'est souvent la chirurgie esthétique, même très haute, puisqu'il faut tout remonter.

Il n'y a pas de justice. L'injustice sociale est presque la seule à laquelle on puisse remédier. Quand une fille est moche et qu'elle a un gros derrière près du sol, qu'est-ce que vous voulez y faire ? Elle ne sera jamais Claudia Schiffer, ça, c'est une vraie injustice.

JE N'AI PAS DE SENTIMENTS HUMAINS.

KARL
LAGERFELD

LA CÉLÉBRITÉ *SELON KARL*

Je n'écrirai jamais mes mémoires. Parce que je n'ai rien à dire.

Si je suis devenu plus visible que certains de mes confrères, c'est peut-être parce que j'ai une grande gueule… Ma célébrité n'a presque plus rien à voir avec le métier que je fais.

Si je devais les écrire, je publierai mes mémoires après ma mort. Avant je ne peux pas, j'ai trop de comptes à régler.

Je ne veux pas être une réalité dans la vie des autres. Je veux être comme une apparition, apparaître et disparaître.

JE SUIS DEVENU COMME L'ALLIGATOR DE LACOSTE.

Il va bientôt falloir me coudre sur les vêtements.

KA RL ISMI ES

KARLISMES
2

J'ai une sainte horreur du temps qui passe.

Je déteste les hommes petits. C'est la race la plus méchante, la plus aigrie et la plus rancunière qui existe.

J'ai horreur qu'on arrive d'office avec des questions pour savoir ce qu'il y a derrière – ce qu'il y a derrière, on s'en fout !

J'aime l'idée de la folie dans la discipline.

Je trouve les tatouages horribles. C'est comme vivre dans une robe Pucci à plein temps.

La peau d'autruche,
je déteste !
Ça me fait penser à
une momie ayant eu
une acné régulière.

Il n'y a rien de plus assommant que les gens qui parlent trop,

c'est pour ça que j'adore le cinéma muet.

Je n'aime pas qu'on massacre les animaux, mais je n'aime pas non plus qu'on massacre les êtres humains, et apparemment, c'est plutôt populaire dans le monde.

J'ai gardé une préférence pour les films muets. Je n'aime pas quand ça parle trop.

L'énergie devrait toujours être immédiate. Il n'y a pas d'énergie en conserve. Vous ne pouvez pas stocker l'énergie. Vous pouvez le faire pour l'électricité, mais pas pour la créativité.

Je déteste la télévision chez moi : voir dans la maison des êtres humains qui n'existent pas, ça me fait peur. Je ne veux pas que le mélodrame et la tragédie envahissent mon univers, qui est entièrement antiseptique.

Je n'aime pas trop le mot "antiquités"... surtout quand il s'applique aux gens.

Dans la vraie vulgarité, il y a toujours une vérité qui me touche.

L'essentiel dans la vie, c'est de se réinventer.

Les époques sont ce qu'elles sont. C'est à nous de nous adapter, et pas à l'époque de s'adapter à nous. Ce n'est pas du sur-mesure.

Ma devise, c'est qu'il n'y a pas de crédit sur le passé. D'avoir fait, c'est sans intérêt.

Je ne crois qu'au hasard. Mais à celui qu'on sait attraper, utiliser.

Quand on est myope, les dix premières minutes après avoir enlevé ses lunettes, on a l'air d'un chien de la SPA qui voudrait se faire adopter. Ça, ce n'est pas mon look.

La vraie injustice sociale, c'est la jeunesse. Ce petit club dont on n'est jamais membre à vie.

Moi, je patine sur une espèce de glace très légère et il faut que je passe dessus avant que ça ne craque.

I am not a fortune-teller. I am a fashion tailor.

Pour moi, les gens intéressants sont ceux qui font quelque chose que je ne peux pas faire.

Ce qui m'intéresse, ce n'est pas la réalité, c'est l'idée que je m'en fais.

L'hommage et le respect, cela paralyse. Je suis là pour remettre les pendules à l'heure.

J'adore les déesses car elles étaient les premières femmes libérées, qui avaient droit à tout. Les divinités et les muses sont féministes !

Ce que j'aime dans le travail, c'est le travail !

CE QUE J'AIME
DANS LA PHOTO ?

ÇA ÉVOQUE UN ÉTAT
IMPOSSIBLE À REPRODUIRE,

PARTI POUR TOUJOURS.

LES LIVRES *SELON KARL*

J'ai toujours beaucoup lu et je lis toujours beaucoup. Mais je n'aime pas en faire étalage, ni en parler. Si les gens pensent que je suis con, superficiel, je m'en fous. Ils pensent ce qu'ils veulent.

Je lis jusqu'à vingt livres à la fois.

Lire, c'est la chose la plus luxueuse de ma vie, celle qui me rend le plus heureux.

Les livres sont mon sang et mon univers. J'ai toujours compris la passion des livres et les gens qui en sont obsédés. Je sais quel effet cela peut avoir sur vous. Les accumuler indéfiniment et tirer plaisir de leur compagnie est toujours réconfortant.

JE
NE
LIS
PAS
POUR
PARLER,
car je déteste
les conversations
intellectuelles.

JUSTE
POUR
SAVOIR.

LES LIVRES SONT UNE DROGUE DURE

avec laquelle
on ne risque pas
l'overdose.

Acheter des livres est une vraie maladie, chez moi, mais je ne souhaite pas en guérir.

Avec chaque livre acheté, on devrait pouvoir acheter le temps de le lire, disait Schopenhauer.

Je ne peux pas vivre sans livres. Sans livres, une pièce est comme morte.

Le parfum d'un livre est le meilleur qui soit au monde.

Je suis fou des livres – les livres sont la tragédie et le bonheur de ma vie.

Je suis une victime consentante des livres.

J'aime l'art contemporain, mais je n'en veux pas chez moi. Chez moi, je ne veux que des livres.

J'ai trois boulots. La mode, la photographie et les livres. Ils m'inspirent tous.

Malgré mon emploi du temps, je suis toujours en train de lire, poussé par une mauvaise conscience permanente qui fait que c'est encore meilleur. Je vis entouré de livres. Vous verriez chez moi, vous comprendriez que c'est grave.

Chez moi, la lecture est une maladie grave, une pathologie obsessionnelle !

Je suis l'esclave de mes livres.

JE VEUX
tout lire,
tout voir,
être informé
sur tout.
Je suis
un accro
DU PAPIER,
un malade
DU PAPIER,
un boulimique
DU PAPIER.

KARL
SELON
ELISABETH

J'ai eu les parents qu'il me fallait :

UN PÈRE

qui me permettait tout

&

UNE MÈRE

qui me remettait à ma place et me tapait sur la tête.

Ma mère me disait : « Il faut partir de Hambourg. Ici, tu peux devenir prof de dessin… Mais j'ai pas été enceinte pendant neuf mois pour ça. »

En matière d'élégance, ma mère donnait toujours deux Allemands en exemple, le comte Kessler et Walter Rathenau : « Ça, c'est des gens fantastiques. Le reste, tu oublies, c'est rien. »

Ma mère disait : « J'admire ce que tu fais parce que cela prouve que tu n'es pas snob. Jamais un snob ne ferait un boulot pareil – tu as sous-exploité tous tes talents. »

Quand, à 11 ans, j'ai demandé à ma mère ce qu'était l'homosexualité, elle m'a répondu : « Ce n'est pas grave. C'est comme la couleur des cheveux : il y a des blonds et des bruns. »

Je suis toujours en retard, c'est la tragédie de ma vie. Je suis né trois semaines après la date prévue. Ma mère raconte qu'elle allait à la clinique tous les jours parce qu'elle ne voulait pas que la « saleté » arrive à la maison. Ces trois semaines, je ne les ai jamais rattrapées.

J'aime assez les chapeaux. Enfant, je portais des chapeaux tyroliens, et ma mère me dit un jour, je devais avoir huit ans : « Tu ne devrais pas porter de chapeau : tu as l'air d'une vieille lesbienne. » Elle était drôle, non ?

*Je suis né
dans un port,
à Hambourg,
dont ma mère
disait :*

« C'est la porte
du monde,
mais ce n'est
que la porte.
Alors, dehors ! »

MA MÈRE A ESSAYÉ
DE M'INITIER
AU PIANO.
UN JOUR,
ELLE A REFERMÉ
LE COUVERCLE
DU CLAVIER
SUR MES DOIGTS
ET M'A DIT :

« DESSINE,
ÇA FAIT MOINS
DE BRUIT ! »

Ma mère, encore elle, disait au sujet des hommes : « On peut faire un enfant avec n'importe quel homme. Il ne faut pas exagérer leur importance. »

Quand elle congédiait un amant, ma mère disait : « Il n'était plus nécessaire à mon évolution spirituelle. »

Ne s'intéresser qu'à soi permet d'être, ensuite, plus disponible pour les autres. Ma mère disait : « Il ne faut jamais trop se sacrifier, car après on n'a plus rien à donner. Pense donc à toi, tu seras alors à même de t'intéresser aux autres. »

Ma mère disait aussi : « Je vais devoir t'amener chez le tapissier, parce que tes narines sont trop grandes. Il faut mettre des rideaux. »

Toute ma vie, je l'ai entendue me dire :

« Tu me ressembles, mais en beaucoup moins bien. »

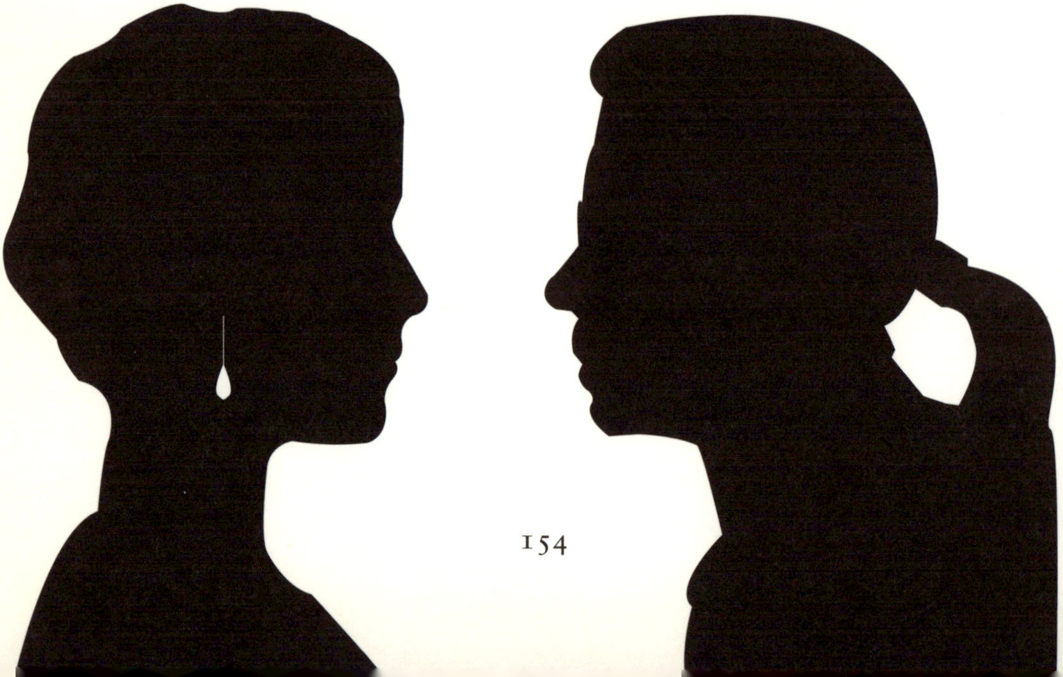

Ma mère pensait que le plus important, dans la vie, c'était d'être très mince. Quand elle me rendait visite à Paris, elle me disait : « C'est dommage que tu ne puisses pas te voir de dos. Tu as un de ces gros derrières ! »

À 14 ans, j'ai voulu faire comme ma mère, qui était une vraie cheminée d'usine. Je voulais fumer pour jouer l'adulte. Mais ma mère m'a dit : « Tu ne devrais pas fumer. Tes mains ne sont pas très jolies, et quand tu fumes ça attire l'attention sur elles. »

Je me souviens que ma mère m'a téléphoné pour mon anniversaire, le jour de mes vingt-quatre ans, et elle m'a dit : « Oh ! à propos : à partir de vingt-quatre ans, c'est la pente descendante. Alors, tu ferais mieux de faire attention dès maintenant. Tu peux faire une croix sur ta jeunesse. »

Quand j'étais enfant, j'avais parfois les cheveux qui remontaient sur les côtés. Un jour, ma mère m'a dit : « Tu sais à quoi tu ressembles ? À une terrine en faïence de la manufacture de Strasbourg. » Avec ces anses ridicules…

Ma mère me répétait : « Pour les bêtises que tu as à dire, parle plus vite, on n'a pas de temps à perdre. » Et elle se levait pour gagner la porte.

À la mort de mon père, ma mère, ayant vendu la maison, m'a envoyé les meubles de ma chambre, que j'ai toujours. Je lui ai dit : « Mais il y avait mon journal dans le secrétaire ! », et elle a répondu : « Je l'ai jeté. Est-il vraiment indispensable que tout le monde sache que tu étais un idiot ? »

Ma mère avait un de ces aplombs.

Moi, à côté, je rase les murs.

KARL
SELON
KARL
2

La dernière chose que je ferais, c'est de me définir. Je peux être demain le contraire de ce que je suis aujourd'hui !

Ce que je sais faire ? Rien. Un peu parler, un peu dessiner. J'ai de vagues idées et, grâce à Dieu, des gens m'aident à les réaliser. Je n'ai jamais fait d'études et je n'ai aucun diplôme.

J'ai l'âge de la tête que j'ai.

En un sens, je suis sans âge, je n'appartiens à aucune génération.

S'il y a bien une chose qui est à trois kilomètres de moi, c'est le politiquement correct.

Mon âge ? Tout le monde sait que j'ai 100 ans donc ça n'est pas grave.

Comme invité, je ne me recommande pas.

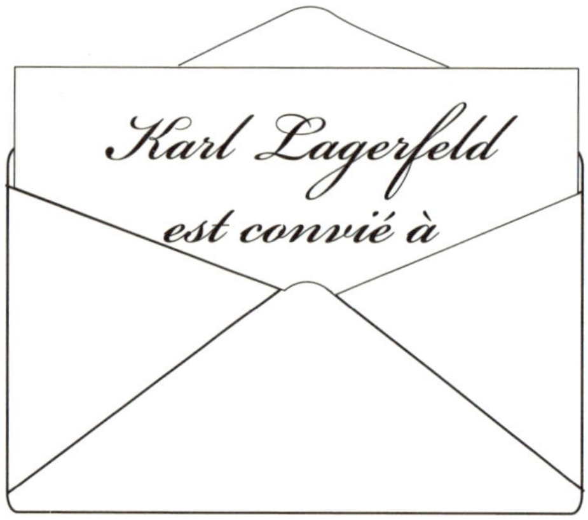

Je ne suis pas pousse-au-crime, mais je ne fais pas d'effort pour que les autres survivent.

Je peux faire peur aux autres, mais pas à moi-même. Je sais ce qui se cache derrière les lunettes noires.

Je n'ai aucune complaisance envers moi-même, mais j'ai toutes les indulgences pour les autres. Car je ne m'intéresse qu'à moi, où plutôt aux trucs que je fais. Et absolument pas aux autres.

Une diseuse de bonne aventure avait dit à ma mère que je deviendrais prêtre, mais ma mère ne voulait pas que ça arrive. On m'a donc interdit d'aller dans les églises. Je n'ai assisté à aucun mariage ni à aucun enterrement dans mon enfance. Pas même à une messe de Noël.

Il y a longtemps que j'ai cessé de penser quoi que ce soit de moi.

À partir du moment où je suis d'accord avec moi-même, je peux faire de moi ce que je veux.

Je veux bien être un monstre, mais il y a des limites.

La chose la plus importante à savoir en ce qui me concerne, c'est que tout ce que disent les autres n'est pas nécessairement la vérité.

J'aime bien que les gens n'aient pas l'air sympathique et qu'on les découvre. Moi non plus je ne souris jamais, je trouve ça niais.

J'ai dépassé

l'ego.

La mère de tous les crimes, c'est la frustration, et je ne suis pas frustré du tout.

Pour les gens comme moi, la solitude c'est une victoire, pas une lutte.

J'ai toujours eu un excédent de bagages.

Je suis toujours occupé. Plus j'en fais, et plus les idées me viennent – c'est vraiment curieux. Le cerveau est un muscle, et je suis une espèce de bodybuilder cérébral.

Les états d'âme qui s'expriment par le regard, c'est pas quelque chose que j'ai très envie de mettre sur le marché. De là les lunettes noires…

C'est ma nature
puritaine qui me tient.
Cela a peu à voir
avec mon éducation,
mais beaucoup avec
MA COLONNE VERTÉBRALE
prussienne :
on ne peut pas
sauter par-dessus
sa propre ombre…

**Peut-être
suis-je meilleur
pour les réponses
que pour les questions.**

Il y a une chose que j'aime sur cette terre : apprendre.

Il y a peut-être cinq personnes dans le monde dont les critiques me touchent. Les autres, c'est leur opinion et je m'en fous.

Je ne suis jamais satisfait de moi-même. Je pense toujours que je peux faire mieux, que je suis paresseux, que je ne fais pas assez d'efforts.

J'aime savoir, tout savoir. Être informé. Je suis une espèce de concierge universel, pas un intellectuel.

Je ne porte jamais de lunettes chez moi. Je n'en ai pas besoin.

Je suis client
dans l'âme.
J'adore faire
les magasins.

Moi, je veux être superficiel.
Non : superficelle ! Tiens, si vous voulez me définir, voilà, je viens
de trouver ça. Je tire les ficelles, je connais les ficelles du métier, donc je suis superficelle !

J'aime donner l'image du superficiel. Je ne veux pas être sérieux. J'aime dire des bêtises et me conduire comme si j'étais quelqu'un de superficiel et d'un peu bête, car rien n'est plus ennuyeux qu'un message intellectuel, lourdingue. Je ne suis pas un porteur de messages.

Je ne sors jamais sans mes fameuses lunettes noires. J'aime voir, pas être observé.

J'aime que tout soit lavable, à commencer par moi-même.

J'ai toujours su que j'étais fait pour vivre comme je vis, que je serai cette sorte de légende.

Je veux bien être gentil, mais il ne faut pas que ça se voie.

Il n'est pas question que je me calme. Ce n'est pas dans ma nature.

Je déteste encombrer les gens avec des restes. Quelle horreur ! Quand c'est fini, c'est fini ! Je suis contre la mémoire. À un moment donné, il faut décamper. Moi, j'admire les animaux de la forêt vierge. On ne les retrouve pas quand il sont morts.

Je suis comme
une marchandise
périssable :

ce que je dis
ne se conserve pas.

SOURCES PRINCIPALES

PRESSE ET LIVRES

Air France Magazine • Another Mag • Art Auction • Bazaar • Connaissance des Arts • Depeche Mode • Die Zeit • Elle • Elle UK • Elle Decoration India • France 2 • France 3 • Glass • GQ • ID Magazine • Infolunettes • InStyle • L'Express • L'Officiel de la Mode • Le Figaro • Le Figaro Madame • Le Figaro Magazine • Le Parisien • Le Point • Le Temps de la Mode • Les Échos • Les Inrockuptibles • Libération • Libération Next • M le Magazine • Magazine • Marie-Claire • Metro • Mirabella • Mixte • New York Times Style Mag • Newsweek – New York Magazine • Numéro • Obsession • Paris Capitale • Série Limitée • Stiletto spécial Chanel – Tatler • Télérama • The Independant Style Magazine • The Observer Magazine • The Telegraph • Times Luxx Magazine • Town and Country • Vice • Vogue Autralia • Vogue France • VSD • W Magazine – Ykone • Zeitung Magazin • Le Meilleur des Régimes (J'ai Lu, 2010)

DOCUMENTAIRES ET INTERVIEWS

Canal + • CNN • Entretien avec Frédéric Beigbeder • Europe 1 • France 2 • France Inter • Gulfnews.com • Interviews by Alexandra Golovanoff • Karl.com • Karl Lagerfeld se dessine (Loïc Prigent, 2013) • Lagerfeld Confidential (Rodolphe Marconi, 2007) • Paris Première • Programme Nijinsky 2004 • RTL • TF1 • ZDF